F. 2912.

F 2795
Cart.

12916

STATUTS

ET

REGLEMENS

POUR les Maiſtres Cartiers, Papetiers, Faiſeurs de Cartes, Tarots, Feuillets & Cartons.

A PARIS,

Chez la Veuve MERGE', rue Saint Jacques, au Cocq.

―――――――――

M. DCC. XXIII.

ARTICLES DES STATUTS
ET ORDONNANCES

Que les Maîtres Jurez & Maîtres du Métier de Cartier & faiseur de Cartes, Tarots, Feüillets & Cartons, ont fait mettre par écrit & signez de chacun d'eux, pour le Reglement de Police, que les Maîtres Jurez & Maîtres dudit Métier de Cartier requiérent être gardez & observez entr'eux, & Reception des Compagnons audit Métier, suivant l'Edit du Feu Roy dernier decedé, (que Dieu absolve,) donné au mois de Decembre mil cinq cens quatre-vingt-un, verifié en la Cour de Parlement le septiéme jour de Mars mil cinq cens quatre vingt-quatre, portant l'Etablissement des Maîtrises de tous Arts & Métiers, & Sentence de Monsieur le Prevôt de Paris, du douzième Juillet mil cinq cens quatre-vingt-quatorze, pour obtenir la Confirmation des Privileges, Franchises & Libertez contenus & declarez és vingt-deux Articles cy-aprés.

PREMIEREMENT.

ITEM, Que nul ne pourra besongner du Métier de Maître Cartier faiseur de Cartes, Feüillets & Cartons, ny tenir Boutique en cette Ville & Fauxbourgs de Paris, s'il n'est Maître dudit Métier, reçu selon les Edits & Ordonnances Royaux.

II.

ITEM, Que nul ne sera doresnavant reçu en la Ville & Fauxbourgs de Paris, à la Maîtrise dudit Métier de Cartier, faiseur de Cartes, Tarots, Feüillets & Cartons, s'il n'a été Apprenty sou•

les Maîtres dudit Métier par le temps & espace de quatre ans entiers, après lesquels ledit Apprenty servira les Maîtres dudit Métier pendant trois ans, comme Compagnon, & le payant raisonnablement de son service.

I I I.

ITEM, Ne feront lesdits Jurés tenus auparavant ledit temps bailler Chef-d'œuvre à ceux qui voudront aspirer à ladite Maîtrise, & feront iceux Jurés tenus s'enquerir des Maîtres où ils auront demeuré & fait leur Apprentissage, de leurs bonnes vies & mœurs puis suivant le rapport desdits Maîtres leur accorder ou refuser chef d'œuvre, lequel chef-d'œuvre feront tenus les Compagnons qui aspireront à ladite Maîtrise, iceluy faire en la maison de l'un desdits Jurez ; & fera ledit chef-d'œuvre d'une demie grosse de Cartes fines, & iceluy fait & parfait en présence desdits Jurés, lesquels en feront leur rapport en la Chambre du Procureur du Roy, dedans vingt-quatre heures ; lequel rapport fait audit Procureur du Roy, fera faire le serment deû & accoûtumé à ceux qui auront été rapportés suffisans, en payant par iceluy qui fera reçû Maître à ladite Maîtrise auxdits Jurés pour leurs peines & vacations d'avoir assisté à voir faire ledit chef d'œuvre, à chacun quarante sols parisis, sans que lesdits Jurés puissent prendre ou exiger autre chose, encore qu'il leur fût offert, sur peine du quadruple & de privation de leurs Charges de Jurés.

I V-

ITEM, Que nul ne pourra faire fait de Maître Cartier faiseur de Cartes, Tarots, Feüillets & Cartons en cette Ville & Fauxbourgs de Paris, s'il ne tient ouvroir ouvert sur ruë, & s'il n'a été reçu & institué Maître audit Métiet par la forme & maniere que dessus.

V.

ITEM, Chacun desdits Maîtres ne pourra dorefnavant avoir qu'un Apprenty, si ledit Maître ne tient au moins cinq ou six Compagnons ordinairement, & audit cas pourra prendre deux Apprentifs, lesquels il ne pourra prendre à moindre temps de quatre ans chacun, & auparavant que de les prendre, fera tenu les faire obliger pardevant deux Notaires, & en la presence de l'un des Jurez, sur peine de quarante sols parisis d'amende ; toutesfois sur la derniere année de leur Apprentissage du premier obligé desdits Apprentifs pourront en prendre un autre.

VI.

ITEM, Ne pourront lesdits Maîtres transporter leurs Apprentifs les uns aux autres sans en avertir les Jurés, lesquels en feront Regiftres pour obvier aux abus qui fe pourroient commettre, fur pareille peine à chacun defdits Maîttes contrevenans.

VII.

ITEM, Que les Enfans des Maîtres pourront demeurer avec leurs Peres pour leur apprendre leur Métier, fans qu'ils tiennent lieu d'Apprenty à leurdit Pere, outre & pardeffus lefquels lefdits Peres pourront avoir deux Apprentifs s'ils tiennent cinq ou fix Compagnons, au moins comme dit eft : Toutefois fi lefdits Enfans defdits Maîtres apprenoient chez autres Maîtres que leurs Peres, ils n'y tiendront lieu d'Apprenty, & ores qu'ils demeurent chez leur Pere & y apprennent fans tenir lieu d'Apprenty, ils ne laifferont d'acquerir les Franchifes dudit Métier de Maître Cartier.

VIII.

ITEM, Et quant aux Filles defdits Maîtres, encore que leur Pere allât de vie à trépas, ne feront tenuës de faire aucun Apprentiffage dudit Métier, ains pourront travailler d'iceluy (fi bon leur femble) comme Compagnon dudit Métier fuus un des Maîtres.

IX.

ITEM, Que les Veuves defdits Maîtres, tant qu'elles fe contiendront en viduité, joüiront de pareils Privileges que leurs maris ; mais fi elles fe remarient en fecondes Nopces à autres que du Métier, elles perdront ledit Privilege de Maîtrife.

X.

ITEM, Les Veuves des Maîtres pourront faire parachever aux Apprentifs qui auront été obligés à leurs défunts marys léur Apprentiffages fous elles, pourveu qu'elles entretiennent les Boutiques de leurfdits marys, & qu'elles ne fe remarient à autres que dudit Métier, autrement feront lefdites Veuves tenuës remettre les Apprentifs és mains defdits Jurés, lefquels feront auffi tenus de les faire parachever leur temps d'Apprentiffage fous autres Maîtres dudit Métier.

XI.

ITEM, Ne pourront lefdits Maîtres dudit Métier porter, ne faire porter marchandifes de Cartes, Tarots, Feüillets & Cartons par la Ville, Fauxbourgs & Hôtelleries de Paris, pour iceux expofer en vente ; mais les tiendront en leurs Ouvroirs ou Chambres, finon au cas qu'ils en fuffent requis par les Bourgeois, Marchands & Forains d'en porter en leurs Logis ou Hôtelleries.

X I I.

ITEM, Que nul Maître dudit Métier ne pourra vendre, n'expofer Cartes en vente pour Cartes fines, fi elles ne font faites de paqier cartier fin devant & derriere, & des principales couleurs, Inde & Vermillon, en peine de confifcation de ladite marchandife applicable aux Pauvres.

XIII.

ITEM, Que nul Maître dudit Métier ne pourra travailler, ne faire travailler en fa maifon, ny ailleurs, pour luy, fa femme, enfans & famille, plûtoft qu'à cinq heures du matin & plus tard qu'à dix heures du foir en toutes faifons, finon les Apprentifs pour picquer & étendre, au cas qu'il y ait Ouvrage collé, en peine de quarante-cinq fols parifis d'amende.

X I V.

ITEM, Que tous Forains ou Marchands de cette Ville de Paris, qui ameneront ou feront venir marchandifes de Cartes, Tarots, Feuillets & Cartons en cette Ville, ne pourront icelle vendre, n'expofer en vente en cettedite Ville & Fauxbourgs, que premierement lefdits Ouvrages ne foient vûs, vifitez & marquez par lefdits Jurez, pour fçavoir fi lefdits Ouvrages font bons, loyaux & marchands, pour obvier aux abus qui fe commettent ordinairement, fur peine de confifcation de ladite marchandife & d'amende arbitraire.

X V.

ITEM, Que lefdits Jurez ne pourront intenter, ne commencer aucuns Procès touchant le Reglement, Police & fait dudit Métier, fans premierement avertir la Communauté dudit Métier, en peine de quarante fols parifis d'amende envers le Roy, & de fouffrir en leur propre & privé nom l'évenement du procès.

X V I.

ITEM, Que les Maîtres dudit Métier, faifeur de Cartes, Tarots, Feuillets & Cartons, feront tenus avoir chacun en leur droit les marques differentes les unes aux autres, & à icelles marques cotter le nom, furnom & enfeigne où eft ployé leur marchandife, faas pouvoir ufurper le noms marques, contremarques, enfeigne & devife les uns des autres, lefquelles marques ils feront tenus prendre des Jurez à leur Reception, differente à la marque, con-

tremarque

tremarque & enſeigne des peres des Maîtres & ſucceſſeurs, leſquel les marques ſeront tenus leſdits Maîtres & chacun d'eux, marquer en un Tableau qui ſera en la Chambre du Procureur du Roy au Chaſtelet de Paris, pour y avoir recours quand beſoin ſera, ſur peine de confiſcation de ladite marchandiſe & de dix écus d'amende.

XVII.

ITEM, Que les Serviteurs gagnans argent ne pourront laiſſer leur Maître, ne changer iceluy, qu'auparavant ils n'ayent ſervy leurſdits Maîtres un mois entier, & les Maiſtres ne leurs pourront donner aucune beſongne s'ils ne ſont quittes au Maître d'avec lequel ils ſortent, ou de ſon conſentement, ſur peine de quatre écus d'amende.

XVIII.

ITEM, S'il advenoit qu'aucun Maiſtre dudit Métier voulût marier ſa Fille à un Compagnon qui auroit été Apprenty de Maître en ladite Ville par le temps & eſpace de quatre ans, comme deſſus eſt dit, en ce cas ledit Compagnon pour ſe paſſer Maiſtre ne payera plus grande ſomme que les Enfans deſdits Maiſtres à leur Reception.

XIX.

ITEM, Pour la conſervation dudit Métier, ſeront élûs deux Prud'hommes Jurez d'iceluy Métier, deſquels ſera changé un d'an en an qui ſera mis avec l'ancien qui demeurera : Tellement que chacun deſdits Jurez fera la charge deux ans entiers, & ſe fera ladite Election chacun le premier Lundy d'après les Roys par la Communauté des Maiſtres dudit Métier ; leſquels à cette fin s'aſſembleront pardevant le Procureur du Roy, en ſa Chambre au Châtelet de Paris, par leſquels Jurez ſeront faites toutes Viſitations neceſſaires à faire audit Métier, tant en ladite Ville & Fauxbourgs de Paris, ſans que par Viſitation deſdits Fauxbourgs ils ſoient tenus demander licence aux Hauts-Juſticiers, quelque privilege & droits de Haute-Juſtice qu'ils ayent, attendu qu'il eſt queſtion de Police, de laquelle la connoiſſance appartient ſeulement au Prevôt de Paris.

XX.

ITEM, Pourront leſdits Jurez, ſi-tôt & incontinent qu'ils auront été élûs par les Maiſtres, fait & prêté le ſerment en la Charge de Jurez devant ledit Procureur du Roy audit Châtelet, ſe tranſporter ès maiſons de ceux qui ſçauront & connoîtront ſe mêler de

faire des Ouvrages de leurdit Métier, & les contraindre d'aller
servir les Maiſtres d'iceluy Métier, ou de renoncer audit Métier,
ſi mieux ils n'aiment ſe faire recevoir Maiſtres, ſuivant la forme
contenuë cy-deſſus.

XXI.

ITEM, Au cas qu'il vienne marchandiſe dudit Métier qu'elle
ne ſoit apportée par les Marchands Forains, ne pourra êrre ache-
tée par un d'eux, ou autres dudit Métier, & particulierement par
aucun d'eux ; mais pour l'achepter tous leſdits Maiſtres y ſeront
appellez, afin que chacun en ait ſa part, s'il a envie d'en avoir.

XXII.

ITEM, Que nul Maiſtre dudit Métier ne pourra mettre en beſongne, ne ſe faire ſervir d'aucune perſonne s'il n'eſt du Métier &
fait Apprentiſſage.

XXIII.

ITEM, Que leſdits Cartiers, Tarotiers, Feuilletiers & Carton-
niers, ont droit & poſſeſſion d'achepter & vendre toutes ſortes de
papiers, en la maniere accoûtumée, par Arreſt du Parlement ren-
du le 22. Février 1681.

Fait & arrêté entre Nous ſouſſignez Maiſtres dudit Métier, le
dernier jour de Mars mil cinq cens quatre-vingt quatorze. Signé,
Guymier, Jean Merieu, Marole, Martin Huillart, Jean Merieu ;
Marque de Laurens Taupin, Marque de Daniel Merieu & Marque
de Jean Gripon.

Collationné à l'Original par moy Conſeiller-
Secretaire du Roy & de ſes Finances.
DE LA CROIX.

LOUIS par la grace de Dieu ; Roy de France & de Navarre:
A tous preſens & à venir, SALUT: Nos chers & bien amez
les Jurez, & Maiſtres du Métier de Cartier & faiſeur de Cartes, Tarots, Feuillets, & Cartons de nôtre bonne Ville de Paris ;
Nous ont fait dire & remontrer, Qu'ayans pour l'ordre & Police de
leur Métier, dreſſé certains Statuts qu'ils ont preſenté à nôtre Prevôt de Paris ou ſon Lieutenant : Ils ont été trouvez ſi raiſonnables,

que par Sentence du douziéme Juillet 1594. ils ont été authorisez, & le feu Roy dernier decedé, nôtre trés-honoré sieur & Pere d'heureuse memoire, que Dieu absolve, les leurs a confirmez par ces Lettres Patentes du mois d'Octobre audit an , dont depuis ledit temps les Exposans ont joui paisiblement, & jouissent encore, & ont payé le droit de Confirmation d'iceux, auquel ils ont été taxez : mais ayant remarqué par la suite du temps, que quelqu'uns abusoient de leursdits Privileges, ils ont desiré ajoûter quatre Articles à leurs Statuts, lesquels ils ont presenté à nôtre Prevôt de Paris , afin qu'il eût à considerer s'ils estoient utiles , ou dommageables au public, & luy les ayant vûs, ensemble le Substitut de nôtre Procureur General audit Châtelet, ils les ont omologuez & approuvez, & pour ce lesdits Exposans qui ont interêt que leurs Statuts soient par nous confirmez, ensemble lesdits quatre Articles par eux ajoûtez, qui sont cy-attachez sous nôtre contre-scel, ont recours à Nous, pour avoir nos Lettres necessaires, humblement requerans icelles: A CES CAUSES , desirans leur subvenir en cet endroit; Nous avons lesdits anciens Statuts: & quatre Articles de nouveau ajoûtez, & comme dit est cy-attachez sous nôtre contre-scel, tous ratifiez & approuvez, & en tant que besoin est ou seroit de nouveau concedez & octroyez, donnons, ratifions , & de nouveau concedons, Voulons & nous plaist, que d'iceux lesdits Jurez Cartiers & Maîtres dudit Métier de Cartier & faiseur de Cartes, Tarots, Feuillets & Cartons de nôtre bonne Ville de Paris, jouissent & usent tout ainsi qu'ils ont par cy-devant bien & dûment jouy & usé , jouissent & usent encore de present, & doivent jouir par l'aveu de nôtre Prevôt de Paris, cy-attaché, comme dit est , sous nôtre contre scel : & ce faisant, ordonnons que doresnavant, que tous les Maîtres dudit Métier reçus en cette Ville, suivant les Ordonnances dudit Métier, seront tenus & leur est enjoint de mettre leurs noms & surnoms, enseignes & devises qu'ils auront optez, au Vallet de trefle de chaque Jeu de Cartes tant larges qu'étroites ; & aux Cartiers qu'ils voudront fabriquer, sur peine de confiscation de leurs marchandises, & de soixante livres tz. d'amende : Faisons deffenses à tous Cartiers des Villes & aucuns lieux de nôtre Royaume de faire contrefaire , inventer ni falsifier, directement ny indirectement, les Moûles, Portraits, Figures & autres caracteres desdites Cartes, dont lesdits Cartiers de nôtre bonne Ville de Paris, ont toûjours joüi & usé, joüissent & usent encore à present, &

dont les copies defdits Portraits, Figures font cy-attachez, fur pei-ne de confifcation defdites Cartes ou autres Marchandifes qui fe trouveront être envelopez avec icelles, & de cinquante-cinq livres d'amende, applicable le tiers à Nous, l'autre aufdits Cartiers de Paris, & l'autre tiers au Denonciateur ; Faifons deffenfes à tous Marchands Merciers, Groffiers, & à tous autres faire faire aucunes Cartes contrefaites femblables aufdits Portraits, Figures cy-atta-chez, fur les mêmes peines : Enjoignons à tous ceux qui fe feront recevoir en ladite Maîtrife de Cartier faifeurs de Cartes, Tarots, Feuillets & Cartons de Paris, faire leurs Cartes & Tarots, tant lar-ges qu'étroites fur lefdits Moules & Portraits, dont lefdits Maiftres ufent aujourd'huy de pareille largeur & grandeur, & pour ce fujet feront tenus prendre la mefure defdites planches qu'ils voudront faire tailler & graver fur les étalons qui feront par devers les Jurez dudit Métier, & ce à peine de confifcation des Cartes qui fe trouveront faites d'autre forte : caffation defdits Moules & foixante livres tz. d'amende : Faifons deffenfes à tous Maiftres dudit Métier, de faire ny faire faire aucunes Cartes appellées Maiftreffes, foient larges ou étroites, fi ce n'eft du triage des Cartes fines, fur peine de con-fifcation defdites Cartes Maiftreffes, & de dix liv. tz. d'amende. Si donnons en mandement à nôtredit Prevôt de Paris ou fon Lieu-tenant, que cesPrefentes feront lûës & tout le contenu en icelles,en-femble aufdits Statuts & Articles cy-attachez, il faffe lire & re-giftrer,& du contenu en iceux jouir & ufer lefdits Expofans, & fai-re garder & obferver pleinement,paifiblement & perpetuellement, & à ce faire & fouffrir, contraindre tous ceux qu'il appartiendra & befoin fera, par toutes voyes dûës & raifonnables : Car tel eft nôtre plaifir : en témoin dequoy nous avons fait mettre nôtre Scel aufdi-tes Prefentes ; fauf en aucunes chofes, nôtre droit, & l'autruy en toutes. Donné à Paris au mois de Février, l'an de grace mil fix cens treize, & de nôtre Regne le troifiéme. Par le Roy. Signé, DUFOS.

A TOUS ceux qui ces prefentes, Jacques Daumont, Cheva-lier, Baron du Chappes, Seigneur de Dien le Palxeau, en-core Confeiller du Roy, Gentil homme ordinaire de fa Chambre, & Garde de la Prevôté & Vicomté de Paris : SALUT. Sçavoir Faifons,

Faifons, Que veu les Lettres Patentes du Roy, en forme de Confirmation formées au mois d'Octobre mil cinq cens quatre-vingt-quatorze, fignées, par le Roy, de la Croix, & à côté *Vifa contentia*, Pouffepin, fignez du grand Scel en lacs de foye & rouge de cire verte, obtenuës & impetrez par les Jurez & Maîtres du Métier de Cartier, & faifeurs de Cartes, & Tarots, Feüillets & Cartons, au nombre de huit feulement, par lefquelles ils auroient remontré que pour obéïr & fatisfaire à l'Edit fait par le feu Roy dernier, que Dieu abfolve, en l'an mil cinq cens quatre-vingt-trois, & fur la reformation, & établiffement des Maîtres, & tous Arts & Métiers, ils auroient fuivant leditEdit payez les fommes aufquelles ils auroient été taxez & cottifez pour parvenir à la Maîtrife, & deflors après avoir été reçus Maître & fait le ferment pardevant le Procureur du Roy au Châtelet de Paris, ils auroient fait mettre par écrit certains Articles, en forme de ftation, & Ordonnance pour le Reglement & Police de leur Métier, fuivant & conformément aud. Edit, & comme il leur étoit enjoint & commandé de convenir & accorder entr'eux lefdits Articles, pour éviter à toutes fraudes & abus defquels ils auroient requis leur être octroyez, Lettres de confirmation des Privileges, Franchifes & libertez de leurdit Métier comme ayant fatisfait à l'Edit dudit feu Sieur Roy, & auroit ledit Sieur Roy, lefdits Privileges & franchifes & libertez continuez, approuvez & conformez, pour en joüir & ufer lefdits Jurez & Maîtres dudit Métier de Cartier, ainfi que cy-devant ils ont bien & dûment joüi, & ufent & joüiffent même à prefent, & par icelles mandent lefdites Lettres de confirmation, avec lefdits Articles & Ordonnances être par nous verifiées, & icelles faire enregiftrer és Regiftres du Châtelet de Paris, fans aucunement y contrevenir, nonobftant oppofitions ou appellations quelconques, & fans préjudice d'icelles : la Requête à Nous prefentée par lefdits Jurez & Maîtres Cartiers, tendante à ce qu'il Nous plût leur entheriner lefdites Lettres de confirmation, Statuts & Ordonnances felon leur forme & teneur, & icelles être enregiftrées és Regiftres dudit Châtelet, pour y avoir recours quand befoin fera. Nous pour confideration du contenu en ladite Requête. Vû les Articles des Statuts & Ordonnances dudit Métier de Cartier: Ouy le Procureur du Roy du Châtelet de Paris, auquel le tout a été montré & communiqué, & de fon confentement, avons lefdites Lettres de confirmation, Statuts & Ordonnances entherinées, & icelles entherinons de point en

C

point, felon leur forme & teneur, defdits Jurez & Maîtres Cartiers,
pour jouir par eux de l'effet & contenu d'icelles felon leur forme
& teneur, & Ordonnons qu'icelles Lettres de confirmation, Statuts
& Ordonnances dudit Métier de Cartier, feront regiftrées és Regiftres du Châtelet de Paris, pour y avoir recours quand befoin
fera : en témoin de ce, Nous avons fait mettre à ces prefentes le
Scel de la Prévôté de Paris. Ce fut fait & donné par Jean Seguier
Sieur d'Autry, Confeiller du Roy en fes Confeils d'Eftat & Privé, & Lieutenant Civil en la Prevôté & Vicomté de Paris, le
Mercredy feptiéme Septembre, & du mois de Decembre mil cinq
cens quatre-vingt-quatorze.   Collationné.

Signé, DROUART.

Entherinement de Lettres.

HENRY, par la grace de Dieu, Roy de France & de Navarre : A tous prefens & à venir, SALUT : Sur la remontran-
ce à Nous faite par les Jurez & Maîtres du Métier de Cartier &
faifeurs de Cartes, Tarots, Feuillets & Cartons au nombre de huit
feulement, que pour obéïr & fatisfaire à l'Edit fait par le feu Roy
dernier, nôtre trés-honoré Seigneur & Frere (que Dieu abfolve) En
l'an mil cinq cens quatre-vingt-trois, fur la reformation & établiffement des Maîtrifes de tous Arts & Métiers, & lefdits Jurez &
Maîtres dudit Métier de Cartier auroient, fuivant les Edits, payé
les fommes aufquelles ils auroient été taxez & cottifez pour parvenir à la Maîtrife, deflors aprés avoir été reçus Maîtres, ils font
le ferment pardevant nôtre Procureur au Châtelet de Paris, ils
auroient fait mettre par éctit certains articles en forme de Statuts
& Ordonnances pour le Reglement & Police de leur Métier, fuivant & conformément aux Edits, & comme il leur étoit enjoint,
commandé de convenir & accorder entr'eux lefdits articles pour
éviter à toutes fraudes & abus, defquels Articles les Maîtres & Jurez dudit Métier de Cartier, nous auroient trés-humblement fup-
plié & requis, qne nôtre bon plaifir, foit leur octroyer nos Lettres de confirmation des Privileges, Franchifes & libertez de leurdit Métier, comme ayans fatisfait à l'Edit de nôtre feu Sieur & Fre-

re, & se soûmettant comme de fait, ils se sont soûmis de garder &
observer inviolablement les Statuts & Ordonnances d'iceluy : Sçavoir faisons, que les sentimens de nôtre Prevôt de Paris, aux fins
de ladite Confirmation, le Cahier des articles en forme de Statuts
& Ordonnances signez desdits Jurez & Maîtres dudit Métier de
Cartier, & quittance de la somme de quinze écus, mise és mains
du Tresorier de nos Parties Casuelles, par la confirmation de tous
ces Privileges, franchises & libertez, le tout cy-attachée sous nôtre contrescel : POUR CES CAUSES : Nous avons iceux, permet-
tons franchises & libertez continuez & approuvez & confirmez,
continuons & approuvons & confirmons par ces Presentes, pour en
jouir & user par lesdits Supplians, ainsi que cy-devant jouy & usent
& jouissent de present. Si mandons audit Prevôt de Paris ou son
Lieutenant, que ces presentes avec cesdits Articles & Ordonnances, il verifient & fassent enregistrer és Registres de nôtre Chambre audit Châtelet, sans aucunement y contrevenir, nonobstant
oppositions ou appellations quelconques, & sans préjudice d'icelles,
pour lesquelles ne voulons être differé : CAR tel est nôtre plaisir.
DONNE' à Paris au mois d'Octobre, l'an de grace mil cinq cens
quatre-vingt-quatre, & de nôtre Regne le sixiéme, & sur le reply,
par le Roy, Signé, de la Croix, & à côté *Visa contentia*, Signé
Poussepin, & scellé en cite verte, sur lacs de soye rouge & verte du
grand Scel.

Collationné à l'Original par moy Conseiller-
Secretaire du Roy & de ses Finances.
DE LA CROIX.

A Tous ceux qui ces presentes Lettres verront, Louis Seguier,
Chevalier, Baron de Saint Brisson, Séigneur des Ruaux, &
de Saint Firmin, Conseiller du Roy nôtre Sire, Gentilhomme ordinaire de sa Chambre, & Garde de la Prevôté de Paris : SALUT.
Sçavoir faisons, Que veu l'Acte passé pardevant Parque & Cres-
pin Notaires en cette Cour, le troisiéme de ce mois ; Entre Be-
noist Revel & Jacques Viéville Maîtres Cartiers à Paris, & à present Jurez dudit Métier, Pierre Pelet, Pierre de Laistre, Claude
Vauchelin, Pierre Tutelle, Nicolas Robert, Pierre Matoujeau,

Raoul Pellé, Robert S. Pierre, Louis & Michel de la Ruë, Pierre Hulin, Jean Mercieux, Anthoine Mercieux, Jean Robert, Pierre Deu & François de Laiſtre, tous Maîtres dudit Métier, d'une part, & Claude le Blond, Pierre de la Hupeoir, Jean Paumier, Eſtienne Hurel, Pierre Helouin, Roger Vire, Jacques Varin, Nicolas Gabouret, Robert François, Pierre Poullet, Guillaume Rabbe, Jean le Blond, Nicolas Guillins, Venant Frenet, Jean de la Ruë, Jacques Roblin, Jean le Blond, & Georges le Blond, tous Compagnons dudit Métier, d'autre part; Par lequel leſdits Maîtres auroient conſenti qu'à l'avenir il ſoit éleu deux d'entr'eux pour être Maîtres de Confrairie de leur Communauté, laquelle élection ſera faite à la pluralité des voix, & leſdits Maîtres feront ladite fonction & Charge pendant deux années, à la fin de la premiere deſquelles ſera élu un nouveau Maiſtre de ladite Confrairie au lieu de celuy qui ſortira, laquelle élection & nomination ſera faite le lendemain des Rois de chacune année, aprés la Meſſe des Trépaſſez, qui ſera celebrée en leur Chapelle: en telle ſorte qu'à la premiere élection & nomination d'un Maître de ladite Confrairie, ſe fera le lendemain de la Fête des Rois prochaine: Pour l'entretiennement de laquelle Confrairie, chacun deſd. Maîtres & Compagnons bailleront annuellement dans la boëtte d'icelle; ſçavoir, chacun Maître vingt ſols, & chacun Compagnon douze ſols, laquelle boëtte demeurera entre les mains deſdits Maîtres de Confrairie, & dont leſdits Compagnons auront une Clef tout ainſi que leſdits Maîtres, afin que l'ouverture n'en puiſſe être faite qu'en la preſence deſdits Maîtres & Compagnons, leſquels Compagnons ſeront appellez tant à ladite ouverture, qu'à ladite rendition des Comptes que leſdits Maîtres de Confrairie rendront annuellement le lendemain des Rois, aprés ladire Meſſe des Trépaſſez, qui ſera dite & celebrée en ladite Chapelle, des deniers qui ſe trouveront dans ladite boëtte, les Ornemens & Argenterie de laquelle Chappelle ſeront mis és mains deſdits Maîtres de Confrairie, pour y demeurer tant qu'ils ſeront en Charge: Que tous Compagnons qui viendront de la campagne & ſe preſenteront pour être reçûs en Boutique, ſeront obligez de payer pour leur bienvenuë à la boëtte de Confrairie la ſomme de dix livres. Et ne pourront leſdits Maîtres accepter leſdits Compagnons, qu'ils ne faſſent aparoir de leurs Brevets d'Apprentiſſage, & des Quittances de leurs Maîtres d'Apprentiſſage, leſquels Brevets & Quittance ſeront mis és

mains

mains du Clerc de ladite Communauté afin de les communiquer & faire voir à tous lesdits Maiſtres & Compagnons. Si quelques Compagnons ſe preſentent ſans avoir és mains leurſdits Brevets & Quittances, leſdits Compagnons auront délay d'un mois pour faire aparoir d'iceux; ſi aprés ledit mois, ils n'en font aparoir, ſeront leſdits Maiſtres obligez de congedier leſdits Compagnons, auſſi leſdits Compagnons certifient de leurſdits Brevets & Quittances, ſoit à leur arrivée, ou aprés l'expiration dudit mois, & qu'ils n'ayent moyen de payer les dix livres pour leur bienvenuë entrant & demeurant au ſervice deſdits Maiſtres, auront délay de faire ledit payement; ſçavoir, quarante ſols par mois, deſquels les Maiſtres qui les auront acceptez demeureront reſponſables, tant que leſdits Compagnons demeureront à leur ſervice : Et à l'égard des Compagnons qui ſe preſenteront, qui ne ſeront capables d'être reçûs, leur ſera accordé deux mois de ſéjour à Paris, pendant leſquels ils pourront travailler chez leſdits Maiſtres ſans payer aucun droit : Et vû auſſi la Requeſte à Nous preſentée par les ſuſdits Maiſtres & Compagnons, à ce qu'attendu qu'il y a quelques deffaillants qui n'ont voulu ſigner qui ſe pourront roidir contre ledit Acte, par opiniâtreté, ſans raiſon quelconque, pour avoir été fait avec avis & avec déliberation de conſeil : Ils nous auroient requis iceluy vouloir homologuer & ordonner qu'il ſera entretenu ſelon ſa forme & teneur, à peine de cinq cens livres d'amende, & de tous dépens, dommages & interêts, contre chacun des contrevenans, au payement de laquelle ils ſeront contraints par empriſonnement, nonobſtant oppoſition ou appellation, ſans prejudice d'icelle, laquelle Requête aurions ordonné être communiquée au Procureur du Roy, qui auroit conſenti l'homologation dudit Contrat & Acte, Nous avons ledit Contrat & Acte paſſé entre les ſuſdits Jurez & Maiſtres Cartiers, d'une part, & les Compagnons dudit Métier d'autre, pardevant Parque & Creſpin Notaires de cette Cour, le troiſiéme de ce mois, homologué & homologuons, ſelon ſa forme & teneur; pour être entretenu & exécuté de point en point, à peine de cinq cens livres d'amende, & de tous dépens, dommages & interêts contre les contrevenans, à quoy ils ſeront contraints par corps, nonobſtant oppoſitions & appellations, & ſans prejudice d'icelles : En témoin de ce Nous avons fait ſceller ces Preſentes. Données & prononcées par Meſſire Dreux d'Aubray, Conſeiller du Roy en ſes Conſeils d'Eſtat & Privé, Lieutenant Civil de la Ville, Prevôté & Vicomté de Paris, le vingtiéme Mars mil six cens quarante-huit. Collationné. Signé, DE LONGUEIL.

EXTRAIT DES REGISTRES DE PARLEMENT.

VEU par la Cour les Lettres Patentes du Roy données à Paris au mois de Février 1722. Signées Loüis, & sur le reply par le Roy, le Duc d'Orleans, Regent present, PHELYPEAUX, & scellées en lacs de soye du grand Sceau de cire verte, obtenuës par les Jurez & Maîtres du Métier de Cartier & faiseurs de Cartes, Tarots, Feüillets & Cartons de cette Ville de Paris, par lesquelles pour les causes y contenuës, le Seigneur Roy auroit agréé, confirmé & authorisé les Statuts & Lettres Patentes expediées sur iceux des mois d'Octobre 1594. & Février 1613. attachées sous le contre-scel desdites Lettres pour en joüir par les impetrants & leurs successeurs audit Métier, selon leur forme & teneur, & en augmentant une nouvelle précaution à celles portées par lesdits Statuts, fait deffenses aux Maîtres & Ouvriers dudit Métier, de s'établir, travailler ou tenir boutique dans les lieux prétendus privilegiés, afin de prévenir l'alteration qu'ils pourroient faire à la qualité que doivent avoir les Cartes; par la facilité qu'ils auroient à les cacher & à les soustraire à la visite des Jurez, pourveu toutesfois que depuis leur obtention il ne soit intervenu aucun Arrest ou Reglement au contraire, ainsi qu'il est plus au long contenu esdites Lettres Patentes à la Cour, adressantes une copie en parchemin non timbré collationné par le Sieur de la Croix, Secretaire du Roy, des Statuts desdits impetrants faits & arrêtez en vingt-deux articles le 31. Mars 1594 Autre copie aussi en parchemin non timbré, & collationné par ledit de la Croix, Secretaire du Roy, des Lettres Patentes du mois d'Octobre audit an 1594. portant confirmation desdits Statuts, & adressantes au Prevôt de Paris; la Sentence du Châtelet du 7. Decembre suivant, d'entherinement desdites Lettres Patentes du feu Roy Louis XIII. confirmatives desdits anciens Statuts, & de quatre nouveaux Articles y ajoûtez & au long énoncés esdites Lettres aussi adressées au Prevôt de Paris; la Sentence d'entherinement d'icelles au Châtelet, du 12. des mêmes mois & an, l'Ar-

reſt de la Cour du 16. Mars 1722. par lequel avant procedé à l'enregiſtrement deſdites Lettres du mois de Février précedent, elle
auroit ordonné qu'icelles, & les Statuts & Lettres Patentes des mois
d'Octobre 1594. & Fevrier 1613. attachées ſous le contre-ſcel deſdites premieres Lettres, ſeroient communiquées au Lieutenant General de Police, & au Subſtitut du Procureur General du Roy au
Châtelet, pour donner les avis ſur leſdites Lettres & Statuts, &
aux Jurez & Communauté deſdits Maiſtres Cartiers, faiſeurs de
Cartes, Tarots, Feuillets & Cartons de cette Ville de Paris; con-
voquez en la maniere ordinaire, pour y donner leur conſentement,
ou y dire autrement ce qu'ils aviſeroient pour le tout; fait, rapor-
té & communiqué au Procureur General du Roy, être ordonné
ce que de raiſon, l'avis dudit Lieutenant General, & du Subſtitut
du Procureur General du Roy, du 28. Juillet 1722. portant qu'ils
eſtiment ſous le bon plaiſir de la Cour, que les Lettres Patentes
peuvent être enregiſtrées pour être executées ſelon leur forme &
teneur, & qu'il ſoit enjoint aux Jurez de la Communauté deſdits
impetrants d'y tenir la main, & de les informer exactement des
contraventions qui y ſeroient faites; l'Acte d'aſſemblée des Jurez en
Charge & Maiſtres de la Communauté deſdits impetrans, convo-
quez en la maniere ordinaire du 22. Juin 1722. par lequel après
que lecture leur auroit eſté faite deſdites Lettres Patentes & Statuts
des mois d'Octobre 1594. Fevrier 1613. & Fevrier 1722. ils ſeroient
tous convenus de commun avis ſous le bon plaiſir dudit Seigneur
Roy & de la Cour, que leſdits Statuts fuſſent executez, & leſdites
Lettres Patentes du mois de Fevrier 1722. iegiſtrées, & autres pieces, enſemble la Requête preſentée à la Cour par leſdits impetrans
afin d'enregiſtrement deſdites Patentes, Concluſions du Procureur
General du Roy: Ouy le Rapport de Me Hierôme le Feron, Conſeiller, tout conſideré. La Cour ordonne que leſdites Lettres Patentes avec leſdits Statuts, ſeront enregiſtrées au Greffe d'icelle
pour jouir par leſdits impetrans & leurs ſucceſſeurs en ladite Communauté, de leur effet & contenu, & être executés ſelon leur forme & teneur; enjoint aux Jurez de la Communauté deſdits impetrans d'y tenir la main, & d'informer exactement le Lieutenant
General de Police, & le Subſtitut du Procureur General du Roy
au Châtelet de cette Ville de Paris, des contraventions qui y ſeroient faites. Fait en Parlement, le quatre Septembre mil ſept
cens vingt-deux. Collationné. Signé, GILBERT.

LOUIS par la grace de Dieu, Roy de France & de Navarre: A tous prefens & à venir, les Jurez & Maiftres du Mêtier de Cartier & faifeurs de Cartes, Tarots, Feuillets & Cartons de noftre bonne Ville de Paris, nous ont fait remontrer que leurs Predeceffeurs ayant dreffé des Statuts pour leur fervir de regle, & prévenir les abus qui pourroient arriver dans ledit mêtier; lefdits Statuts auroient efté autorifez, approuvez & confirmez par noftre très-honoré quatriéme Ayeul Henry IV. par Lettres du mois d'Octobre 1594. lefquels auroient efté bien & dûment enregiftrez au Chaftelet de Paris, auquel l'adreffe en auroit efté faite ; lefdits Jurez ayant dans la fuite reconnu qu'il eftoit neceffaire d'ajoûter quelques Articles aufdits Statuts, ils fe feroient pourvûs en noftre Confeil, où par Arreft du cinq Janvier 1613. ils auroient efté renvoyez pardevant le Lieutenant Civil audit Chaftelet, pour donner fon avis fur lefdits nouveaux Articles, à quoy ayant efté fatisfaits, notre très-honoré Ayeul & Trizayeul Louis XIII. auroit par fes Lettres du mois de Février 1613. agréé, ratifié, autorifé & approuvé, tant lefdits anciens Statuts que les nouveaux Articles y ajoûtez, lefquelles ont pareillement efté adreffées audit Chaftelet, où elles y ont efté bien & dûment enregiftrées, depuis lequel temps les Expofants & leurs Predeceffeurs ont vêcu fur la foy defdits Statuts, qu'ils ont tâché d'obferver avec toute l'exactitude poffible ; mais comme les Expofants ne fçavent point s'ils ont efté confirmez par noftre très-honoré Seigneur & Bifayeul, & qu'il leur eft important qu'ils le foient à noftre avénement à la Couronne ; ils ont efté confeillez pour prévenir le trouble qu'on pourroit leur faire par le deffaut de confirmation d'iceux, de nous fupplier de leur accorder nos Lettres fur ce neceffaires. A CES CAUSES, voulant favorablement traitter les Expofants, les maintenir & garder dans leurs droits & privileges, au bien & avantage du Public ; de l'avis de noftre très-cher & très-amé Oncle le Duc d'Orleans, petit-fils de France Regent, de noftre très cher & très-amé Oncle le Duc de Chartres, premier Prince de noftre Sang, de noftre très-cher & très-amé Coufin le Duc de Bourbon, de noftre très-cher & très-amé Coufin le Comte de Charolois, de notre très cher & très-amé Coufin le Prince de

Conti,

Conty, Prince de noſtre Sang, de noſtre très-cher & très-amé Oncle le Comte de Toulouſe, Prince légitimé, & autres Pairs de France, Grands & Notables perſonnages de noſtre Royaume, qui ont vû leſdits Statuts & Lettres Patentes expediées ſur iceux des mois d'Octobre 1594. & Février 1613. cy-attachées aux autres pieces, ſous le contre-ſcel de noſtre Chancellerie, de noſtre grace ſpeciale, pleine puiſſance & autorité Royale, Nous avons agréé, confirmé & autoriſé, confirmons, agréons & autoriſons par ces Preſentes ſignées de noſtre main leſdits Statuts & Reglemens, pour en jouir par les Expoſants & leurs Succeſſeurs audit mêtier, ſelon leur forme & teneur, & en augmentant une nouvelle précaution à celles portées par leſdits Statuts, Nous avons fait & faiſons deffenſes aux Maiſtres & Ouvriers dudit mêtier de s'établir, travailler ou tenir Boutique dans les lieux prétendus privilegiez, afin de prevenir l'alteration qu'ils pourroient faire, à la qualité que doivent avoir les Cartes par la facilité qu'ils auroient à les cacher & les ſouſtraire à la viſite des Jurez, pourveu toutesfois que depuis leur obtention, il ne ſoit intervenu aucun Arreſt ou Reglement au contraire. SI DONNONS EN MANDEMENT, à nos amez & feaux Conſeillers, les gens tenants notre Cour de Parlement à Paris, que ces Preſentes ils faſſent regiſtrer, & de leur contenu jouir & uſer les Expoſants, leurs Succeſſeurs audit mêtier, pleinement, paiſiblement & perpetuellement, ceſſant & faiſant ceſſer tous troubles & empêchements au contraire. CAR TEL EST NOSTRE PLAISIR, & afin que ce ſoit choſe ferme & ſtable à toûjours, Nous avons fait mettre noſtre Scel à ces Preſentes. Donné à Paris au mois de Fevrier 1722. & de noſtre Regne le ſeptiéme, ſigné LOUIS, & ſur le reply eſt écrit par le Roy. Le Duc d'Orleans, Regent preſent,

ſigné, PHELYPEAUX.

Regiſtrées, ouy le Procureur General du Roy, pour jouir par les Impetrants & leurs Succeſſeurs en ladite Communauté de l'effet & contenu en icelles, & eſtre executées ſelon leur forme & teneur; enjoint aux Jurez de ladite Communauté d'y tenir la main, & d'informer exactement le Lieutenant General de Police & le Subſtitut du Procureur General du Roy au Chaſtelet, des contraventions qui y ſeroient faites ſuivant l'Arreſt de ce jour. A Paris en Parlement le 4. Septembre 1722.

Signé, GILBERT.

E

CE JOUR D'HUY Lundy vingt-deux Juin mil sept cens vingt-deux, au Bureau de la Communauté des Maiſtres & Marchands Cartiers, faiſeurs de Cartes, Tarots, Feuillets & Cartons de la Ville & Fauxbourgs de Paris aſſemblez, tant anciens, Modernes & nouveaux de ladite Communauté, en execution de l'Arreſt de la Cour de Noſſeigneurs de Parlement du 16. Mars 1722. Sçavoir Jean Dionis, Charles Richard, Jurez de preſent en Charge, Nicaiſſe Mouillet, Nicolas Robert, Nicolas le R oy, Jacques le Cat, Claude-Pierre Deſgrez, Joſeph Vimont, Antoine Dauvergne, Jean Alard, Nicolas Thoyer, tous anciens Jurez ; Jean-Charles le Brun, François Noyal, Jacques Pezaut, Nicolas Fillieux, Nicolas Dubois, Michel Fullerot, Pierre le Tellier, & Pierre Regnard, tous Modernes de ladite Communauté, leſquels aprés que lecture leur a eſté faite par ledit Jean Dionis Juré en Charge de ladite Communauté des anciens Statuts de leur Communauté du dernier Mars 1594. des Lettres Patentes de Sa Majeſté Henry IV. du mois d'Octobre de la même année, obtenue ſur leſdits Statuts, de la Sentence rendue au Châtelet de Paris par Monſieur le Lieutenant General de Police du 7. Decembre audit an, portant homologation deſdits Statuts & Enregiſtrement des Lettres Patentes de Sa Majeſté Louis XIII. du mois de Fevrier 1613. portant confirmation deſdits Statuts, Lettres Patentes, Sentence dudit Chaſtelet du 12. Février 1613. portant Enregiſtrement & confirmation deſdits Statuts & Lettres Patentes obtenues de Sa Majeſté, preſentement regnante du mois de Fevrier de la preſente année 1722. Et aprés que leſdits Maiſtres & Marchands Cartiers, faiſeurs de Cartes, Tarots, Feuillets & Cartons de ladite Communauté ont conferé enſemble & ſeparement ſur leſdits Statuts & Lettres Patentes, ſont tous convenus de commun avis ſous le bon plaiſir de Sa Majeſté & de la Cour, que leſdits Statuts ſoient executés & leſdites Lettres Patentes du mois de Fevrier dernier regiſtrées, & ont ſigné ; ainſi ſigné Dionis, Richard, Mouillet, Robert, le Roy, le Cat, Deſgrez, Vimont, Dauvergne ; la Marque de Jean Alard, Toyer, Jean-Charles le Brun, François Noyal, Fillieux, Dubois, Fulletot, Pezaut, le Tellier, & Regnart.

Fait du tems & par les ſoins de Jean Dionis & Charles Richard Jurez en Charge.